# 사랑은 오선五線 위 돛단배

건강신문사 힐링노래시집

•
•
•

# 사랑은 오선五線 위 돛단배

민병곤 시집

건강신문사
www.kksm.co.kr

## 시인의 말

흰 눈이 내리면 가슴에 숨겨둔 새싹이 살며시 고개를 든다.

그 계절 이야기만 남기고 떠나간 그리운 얼굴을 생각하며 그 잔흔을 모아 먹을 찍어 오선에 그리듯 한올 한올 점을 새겨본다.

하나하나의 점마다 웃음과 사랑이 누군가의 가슴엔 그리움으로 추억으로 머무는 것이 삶의 잔흔이다. 선율 위에 펼치지 못한 날개를 펴며 독자의 가슴에 공명하는 바람으로 리듬 발자국 하나 새겨지길 소망한다.

2025년 겨울

**민병곤**

# 차례

## 2부 숨어 우는 내 사랑



## 3부 사랑의 향기

## 4부 들꽃 사랑

## 5부 꽃눈

# 1부

# 외로운 꿈

## 지울 수 없는 사람

흘러버린 세월 따라서
빛바랜 사진 속에
변함없이 그댄 아직도
날 보고 미소 짓는데

세월이 흘러도
그 모습 잊을 수가 없어
남몰래 남몰래 혼자 그려보는
그대 내 사랑이여

가슴 저리던 우리 사랑도
추억으로 묻히겠지만
다시 태어나 다시 태어나
만날 수는 없을까

지우려 해봐도 지우려 해도
지울 수 없는 나의 사람아

# 채석강

부서지는 이 마음을 저 파도에 실어 보내고
채석강 푸른 물에 쌓아 놓은 내 사랑아

세월이 세월이 흘러 그대 사랑을
잊은 줄 알았었는데
그리워서 그리워서 다시 찾은 채석강아

넌 아직 변함이 없건만
넌 아직 변함이 없건만
어딜 갔나 내 사랑은
내 사랑은 보이질 않네

저기 저기 푸른 솔아 내 사랑을 보았더냐
네 앞에 두 손 잡고 맹세 하던 내 사랑을

세월이 흘렀어도 이 가슴 속에
아직도 남아 있는데

너 마저도 잊었더냐
솔아 솔아 굽은 솔아

넌 나를 반겨 주건만
넌 나를 반겨 주건만
묻혀 버린 그 맹세만
저 바람에 울고 있네

# 지평선 사랑

지평선 위에 아른거리네
내 사랑 아른거리네
모악산 위에 쉬는 구름아
내 님을 실어 나 오렴

만경강가에 남겨논 추억
갈대배 타고서 흘러
동진강 까지 찾아 왔구나
어느새 세월도 흘러

연꽃 길 따라서 걷다보면
백일홍 손울 흔들며
날 반겨주네 날 반기네
언제나 넌 변함없이

비둘기 따라서 멀리 가버린
내 청춘 아쉬웁지만

지평선 위에 펼쳐진 내 꿈을 찾아
너에게 나를 안기면

문수사 종소리도 반겨 우네
내 고향
나의 사랑아

# 주문을 걸어

주문을 걸어걸어 걸어야지
내 사랑의 주문을
그대 가슴에 내 사랑을
숨겨 둬야 하니까

오늘은 걸릴거야 걸리겠지
내 사랑의 마법이
난 난 그대만 그대만을
사랑 사랑 하니까

스리스리 살짝 스리스리 살짝
그대 작은 가슴에
내 사랑 이맘 하나 뿌리고
뿌리고 흔들면

오늘은 걸리겠지
걸릴거야 내 사랑의 마법이

제발 걸려라 걸려다오
내 사랑의 마법아

## 정말 몰라

쓸쓸한 이 거리
나 홀로 걷다가
밤하늘 바라보면은
가로 등불만이 날 보고 웃네
내 마음 달래 주련 듯

돌아선 발길에
채이는 불빛만
멍하니 바라보면은

나를 감싸 주던 바람이 우네
이내 맘 알고 있는 듯

아아 왜 그리 몰라
내 사랑 이내 마음을

어둠에 감춰진

이 가슴 속에서
흐르는 내 눈물을

내 사랑 그댄 몰라요
뜨거운 나의 마음을
정말 정말 몰라

그대를 사랑하는
내 이내 맘을
정말 정말 몰라

*주련 듯 : 주려는 듯

# 저기 저기

그냥 가면 어떻해
그냥 가면 어떻해
내 마음도 가져가야지

날 쳐다 보는군요
살짝쿵 미소에
난 정말 반해 버렸어

저 멀리 걸어 가는
저기 저기 아가씨
그냥 가면 나는 어떻해

당신의 그 미소에
녹아 버린 내 마음
난 어떻 하라구 난 어떻하라구
사랑에 빠져 버린 걸

내 마음 이제 나도 몰라요
내 마음 이제 나도 몰라요
당신의 당신의 그 미소에
내 마음 빠져 버린 걸

저기 저기 아가씨 저기 저기 아가씨
그냥 가면 나는 어떻해

# 잊지 못할 내 사랑

희미한 저 가로등
내 맘을 달래 주지만
내 사랑은 어디에
오늘도 나 홀로 간다

바람결에 날리는
저기 저 가랑잎 하나
내 마음에 쌓이던
그리움도 흩어져 간다

달빛마저 이 밤 쓸쓸하게
쓸쓸하게 나를 반기면
정처 없는 발걸음
나도 몰래 돌아서 간다

그대 가슴에 사랑이
허공 속에 맴돌겠지만

돌아올 순 없겠지
대답 없는 메아리처럼

# 세월아

세월아 세월아
넌 너는 넌
나를 나를 두고서

어딜 그리 혼자
바쁘게 바쁘게
저 멀리 멀리 갔나

바쁘다 바쁘다
얘기나 살짝 얘기나
해 주고 가지

잠시 한 눈 팔던
내 인생이
깜짝 놀라 뛰잖아

쉬었다 쉬었다 가려무나

천천히 가려무나
이제 부터 이제 부터
내 인생도 뛰어서 갈테니

조금만 기다려 기다려줘
내가 내가 뛰어 갈테니
가다 보면 언젠가 언젠가
널 따라 가겠지

# 울 어머니 모습처럼

한들한들 손짓하는
수줍은 네 모습이
함박웃음 반겨주는
울 어머님 모습처럼

울 어머님 사랑처럼
언제나 그 자리에
돌아보고 돌아봐도
넌 항상 그 자리에

길가에 핀 한송이 꽃
네 이름은 모르지만
울 어머님 모습처럼
울 어머님 모습처럼

모진 세월 비 바람에
홀로 선 네 모습이

가녀린 울 어머님

그 모습처럼

# 외로운 꿈

한 줄기 바람처럼
스쳐가는 그대여
어느새 어둠 속에
그대 모습 감추었나

나는 새들처럼
날고 있는 그대를
잡으려 잡으려다
이내 울고 말았다오

외줄기 꽃잎처럼
가련한 내 모습
눈물 고여 일어나니
외로운 꿈 이었네

어렴풋이 기억나는
꿈속에 그대여

오늘도 찾아드는
외로운 꿈이라네

## 옛 사랑의 그림자

아 이 가슴에 남겨진
아 당신의 사랑이
이렇게 깊을 줄은
난 정말 몰랐네

희미한 기억 속에 지난날들
나 홀로 그려 보지만
아아아아 이제는 내 가슴 속에
아련한 추억으로 남겨진
당신은 당신은
옛 사랑의 그림자

아 이 마음 한 구석에
아 남아 있는 당신이
이토록 그리 울 줄
난 정말 몰랐네

## 옆에 있는데

난 그대를 사랑하는데
그대는 왜 모르시나
그대만을 사랑해 줄 한 사람
나 여기 옆에 있는데

여기 있는데 여기 있는데
내 사랑 여기 있는데
뒤돌아 봐요 그대여 뒤 돌아봐요
그대여 바로바로 옆에 있는데

숨바꼭질 같은 사랑은 아파요
정말 정말 어려워
나를 찾아와요
그대와 영원히 사랑하고 싶은데

왜 나를 찾지 못하나
왜 나를 찾지 못하나
바로 그대 옆에 있는데

# 연정

사무치도록
애만 태우는
그대 내 사랑아

못 다한 사랑인가
미련인가
이 내 가슴만 타는데

그리워 그리워서 잠 못 이루는
잠 못 드는 이 긴 밤에
나를 보는 눈빛이 미소 짓는 모습이
자꾸만 떠오르는데

외로워서 외로워서
홀로 우는 내 가슴에
그대 모습만 그대 모습만
또 다시 떠오르는데

그대 내 사랑아 그대 내 사랑아
이 맘을 어떻게 하나

# 언젠가

사랑의 아픔도
이별의 슬픔도
언젠가는 잊혀 질 것을

술잔을 붙들고
고개를 저어도
타는건 이 내 가슴뿐

시간이 지나고
세월이 흐르면
언젠가는 추억이 되어

그리운 마음도
보고픈 마음도
이 가슴에 묻혀 질거야

우리들 사랑의 짧고도 긴 얘기

우리 둘만이 알고 있겠지만
그리움이 그리움이 아픔이 되기전에
이제는 지워 버리고

처음부터 처음부터 다시 쓰면 되지
내 가슴이 텅 비었는데
언젠가 생각나면 언젠가 생각나면
그리울 테니

# 어쩌나

아하 어쩌나 우후 이 마음
그대를 사랑하는 맘 들켜 버렸네
빨개진 내 얼굴 난 몰라 우우우우

아아 이렇게 우우 그대가
갑자기 다가 올 줄은 나도 몰랐어
수줍은 내 마음 어떡하라구

안돼요 안돼 지금은
준비가 덜 됐는 걸요
그대여 내 마음을 기다려줘

세상을 다 준다 해도
내 맘엔 오직 그대 뿐
바꿀 수 없어 내 사랑아

아하 어려워 우우 사랑은

그대는 알거야

이 내 사랑을

얼마나 그댈 사랑하는지

# 2부

# 숨어 우는 내 사랑

# 세월아

세월아 세월아
나를 두고 가는
저 세월아

갈 테면 가라지
벌써 저 멀리
가버린 세월아

내 사랑도 내 청춘도
네게 모두 실었거늘
본체만체 야속하게
저 혼자 가는 구나

쉬었다가 가려 무나
내 인생도 쉬어 가리니
갈 테면 가려 무나
곧 나도 따라 가리니

# 약속한 사람아

이대로 그냥 가시면
나는 어떡하라고
정주고 떠나가시는
약속한 사람아

그렇게 가실 거면
뒤돌아 보지나 말지
미련도 가져나 가지
무정한 사람아

달콤한 사랑의 그 약속은
아직도 남아 있는데
그래도 가신 다는 당신이기에
이제는 보내는 이 맘

약속한 사랑만 약속한 사랑만
이 가슴에 남겨 두고서

떠나시는 당신이기에

이제는 보내렵니다

# 앞만 보고 달리자

지나온 인생길에 사랑도
스쳐간 세월 속에 눈물도
이제는 돌이킬 수 없는데
앞만 보고 달리자

어쩌다 돌아보면 짧은 길
길다면 기나긴 인생길
잊혀진 추억으로 묻어 두고
앞만 보고 달리자

돌아보고 돌아봐도
돌릴 수 없는 길인데
그래도 나에겐 내일이
내일이 있잖아

내 생이 내일 진다해도
하루는 있는데

뒤 돌아 보지 말고 달리자

앞만 보고 달려 달리자

## 안녕이라 하지 마

안녕이라 하지 마
내 맘 그대로인데
우리 사랑의 맹세도
아직 그대로인데

그댄 나를 잊었나
큰 소리로 불러도
대답 없는 그대는
그리움 되어 다가오네

이제 내가 그대 곁으로
조금씩 다가가고 있는데
저기 저 별에 그대가 있나
내 곁에서 반짝이네

그댄 나를 보고 있겠지
우리 사랑했던 그 날들

기억하고 있겠지
내 사랑 그대여
안녕이라 하지마

언젠가 그대 곁에 반짝이는
별되어 그대 날 반겨 주면
그대여 우리 사랑 그때 다시
시작하면 되지
안녕이라 하지 마

# 안녕 사랑아

아무런 말도 없이
아무런 표정도 없이
걸어가는 두 그림자
쓸쓸히 바라보는데

말없이 돌아서는
돌아서는 그대 뒤에
눈물 짓는 내 발길도
힘없이 돌아서는데

표정없는 인형처럼
한 걸음 또~ 또 한 걸음
멀어지는 발자국 소리
흐르는 눈물 따라서가네

아 사랑아 내 사랑아
살며시 손을 흔드네

안녕이란 그 한마디

해 주지도 못하고

# 아쉬운 사랑

그대 가슴엔
내 사랑이 아직도 남아 있나요

이 가슴속엔 지울 수 없어
남 몰래 몰래 숨겨 놓은 내 사랑아

세월이 흘러가도 난 그대 사랑을
난 정말 지울 수 없었지만
이제는 아픈 가슴 홀로 쓸어내리며
살며시 지워야할 아쉬운 사랑이여

그대를 만나 설레이던
그날을 난 기억하는데

뜨거운 가슴 달콤한 사랑
난 정말 정말 영원할 줄 알았었는데

아직도 이 가슴엔 이 가슴속엔
눈물로 그린 우리 사랑이
쓸쓸한 바람 따라 맴돌지만
또 다시 눈물로 지워야 할
나의 사랑이여

## 아리랑 고개

이 길 따라 떠나가는
나의 님이여
이 마음을 두고 가려나

사랑하는 내 마음도
고개 너머로
멀리 멀리 데려가 주오

아리 아라리요 아리랑 고개
고갯마루 넘어 갈 적에
아리 아라리요 아리랑 고개
돌아보며 눈물 져 우네

간단 말은 아니하고
돌아선 님아
어느 곳에 가려함인가

온단 말도 아니하고
떠나간 님아
나를 두고 가려함인가

아리 아라리요 아리랑 고개
님을 따라 넘던 이 고개
아리 아리리요 아리랑 고개
님을 두고 나 홀로 가네

# 쓸쓸한 그림자

돌아 서버린 두 마음은
멀어져 가지만
사랑 했었던 그 마음은
돌릴 수가 없어

돌아 섯지만 돌아 섯지만
잊을 수 없어
희미해 지는 가로등 불빛 아래
쓸쓸한 그림자

사랑 했었던 그 사람은
잊혀 져 가지만
사랑 했었던 그 마음은
잊을 수가 없어

그리운 맘에 그리운 맘에
생각 난 사람

붉게 물드는 서산 노을 아래

허전한 이 마음

# 숨어 우는 내사랑

젖어있는 그대의 두 눈속에
내 사랑이 숨어 있나요
빨간 그대의 작은 입술에
내 사랑이 묻어 있나요

긴 머리 흩날리는 그대 모습에
내 사랑이 숨어 있네요
따듯한 그대의 작은 가슴에
내 사랑이 묻혀 있네요

그대 모습에 그대 모습에
숨어 있는 이내 사랑을
꺼내려 해도 꺼내려 해도
꺼낼 수가 없네요

숨어 울고 있는 그대 모습에
내 사랑은 거기 있네요

묻혀 있네요 그대 가슴에

내 사랑이 묻혀 있네요.

# 순천만아

선암사 붉은 매화 고개를 들면
속세의 때를 다 벗어 버리고

승선교 건너 갈 때
부는 바람에 취해 버린
허허로운 가슴에 빈 찻잔을 들고

세월아 너는 너는 변했다 하여도
이 가슴엔 변함없는 내 고향 순천만아

갈대 춤을 따라 추는
흑두루미 날 반기면
상사호 푸른 물도 너울대며 반기네

저 멀리 낙안읍성 노을 속에 잠기면
지난 세월을 다 잊어 버리고

내 고향 감나무 길 돌담길에 어린 추억
어린 추억에 젖어 드는데

지나간 세월속에 내가 변했다 해도
변함없이 반겨주는
순천만 내고향아

구곡폭포 물길 따라
흘러버린 내 청춘도
수평선 저멀리서
아물아룰 거리네

# 세상사

세상사 별거라더냐
흐르는 저 구름 따라
술 한잔에 시름을 털고
물 한잔에 웃는거지

돌고 돌아가는 시간처럼
따라 도는 인생 이지만
미련에 울고 사랑에 웃는
우리네 인생

해가 뜨고 지고 날이가고 가듯
피고지는 인생 이지만
오르막 길도 내리막 길도
서로 손 잡고 가면은

가진 것 없는 빈손이라도
즐거운 세상 일거야

인생살이 세상살이
돌고돌아 가는 거니까

## 세상만사

세상사 고달프다 말들 하지만
끝까지 가 본적 있나
말로는 안돼 가 보는 거야
이제부터 시작 인거야

누구나 사랑 찾아 헤매 이지만
멀리만 바라보잖아
조금만 가까이 봐 여기여기
옆에 숨어 있잖아

세상만사 다 그런거야
산다는게 다 그런거야
한걸음 두걸음 한번에 하나씩
그게 바로 사는 재민걸

가다가 가다가 포기 하지마
쉬었다 가면 되지

오늘은 너에게 내일은 나에게
행복이 찾아 올거야

## 세 월 (세월호 추모)

내 곁을 떠나가네
나를 두고 떠나가네
세월이 저 세월이
내 사랑을 데려 가네

애타는 이 내 마음
홀로 두고 가는 님아
사랑아 내 사랑아
나를 두고 어딜가나

두 눈에 이 두 눈에
맺힌 눈물은 어이하나
가시는 그대 두 볼에
흐른 눈물은 또 어이하나

보내는 이 마음을
잊지마오 잊지마오

두 가슴에 맺은 사랑
다시 만날 그 날까지

# 사랑인가 봐요

나 그대에게 내 마음
두고 온 것 같아요
내 가슴 속이 아무래도
텅 빈 것 같아요

미소 짓는 그대 모습
가져나 올 것을
내 눈길에 내 발길에
자꾸만 밟혀요

혹시라도 그대
부를 것만 같아
돌아보다 이 내 가슴
쓸어내리며

그려보다 그려보다
이제는 지워보는

안타까운 이 내 마음
사랑인가 봐요

그대 가슴에 내 마음
두고 올걸 그랬죠
그대가 가져가면
어쩌나 망설였나 봐요

미소 짓던 그대 모습
어떻게 지워야 하나
수없이 까만 밤을
하얗게 지새요

3부

# 사랑의 향기

# 사랑이 운다

사랑이 운다 울어
내 가슴이 운다 울어
나를 보는 그 눈빛에
오늘도 운다 울어

말 못하는 그대 맘도
그대 맘도 아프겠지만
용기 없는 사랑이면
용기 없는 사랑이면
이룰 수 없는 거야

오늘은 고백을 하겠지
기다려 보지만
내 앞에만 서면 내 앞에만 서면
얼어붙는 미운 사람아
사랑이 운다 울어 사랑이 울어
내 가슴이 운다 울어

## 사랑이야

내 맘속에 가득 가득 찬 너를 보면
사랑이야 이 마음 말로는 다 할 수 없어

떨리는 내 마음을 보여 줄 수는 없지만
꿈속에도 너 만을 사랑한다 말 할 거야

하늘을 나는 기분일 걸
너는 모를 거야
너의 가슴에 내 마음
보낼 수는 없지만

그래도 나는 너만을 영원히 사랑할 거야
너에게 나의 이 마음 전할 수 없다 하여도

내 가슴 속에 사랑은
너 하나 뿐인 거라고

구름을 타고 너에게
훨훨 갈 수만 있다면
이 마음을 너에게
전해 줄 수 있을 텐데

지금도 내 가슴에
내 사랑 너만을 그리지만
오늘 밤도 난 너를
꿈속에서 만나겠지

# 사랑이 왔네

저 여린 꽃잎처럼
봄바람 타고 왔나
그대그대 나의 사랑아
나의 사랑아

그대만 봐도 두근두근
이 작은 가슴에
사랑이 왔네 살랑살랑
나도 모르게

눈감아 봐도 반짝반짝
떠 오르는 얼굴
사랑이 왔네 깜박깜박
이 여린 가슴에

연분홍 꽃신 곱게 차려 신고
내게 온 당신

이 가슴에 사랑의
발자국을 콕! 콕!

사랑이 왔네 사랑이 왔어
이른 봄 바람타고
내 가슴이 흔들흔들
사랑이 찾아 왔네

## 사랑의 향기

이젠 내 사랑 그대 곁에
사랑의 향기 가득 품고서
그대 가슴에 영원토록
사랑의 향기 되리라

향기 품은 내 사랑에
그대 어서 내게 오세요
내 사랑 모두 그대 가슴에
전부 다 담아 드릴께

나도 몰래 두근두근
괜시리 설레이는 내 마음
언제부터인지 그대에게
살며시 다가가고 싶은데

뚜 루루루루 바람이 불면
내 사랑 행여 날아 갈까봐

아무도 몰래 가슴 조이는
수줍은 나의 사랑아

이젠 내 사랑 그대 곁에
사랑의 향기 가득 품고서
그대 가슴에 영원토록
사랑의 향기 되리라

## 사랑의 춤을 춰요

사랑의 춤을 춰요 그대여
내 손을 잡아요 내 사랑
이 밤이 다 가도록
사랑의 춤을 춰봐요

오늘은 내게 고백 해봐요
날 사랑 한다고 말해줘요
내 사랑의 리듬에 맞춰
사랑의 춤을 춰요 그대여

빨간 장미 한송이
내게 보내면
이 가슴에 사랑으로
영원히 새겨 놓을께

흔들흔들 춤을 춰요 그대여
엉켜버린 스탭이면 어때요

내 사랑은 이미 그대거에요
내 품에 안겨있는 그대여

## 사랑의 추억

말없이 말없이 떨어지는
두 줄기 눈물 속에
어리는 그대의 뒷모습이
쓸쓸한 뒷모습이

사랑은 사랑은 또 이렇게
아무런 표정 없이
안녕이란 그 말 한마디에
또다시 멀어 지는데

노을 속에 남겨진
내 사랑의 기억이
돌아선 그대 등에
쓸쓸한 그대 등에

하나씩 스쳐가며
내 가슴을 울리네

사랑했던 마음도 이제
이젠 추억이 되겠지

## 사랑의 비

한줄기 빗방울 이 가슴 속에
흐르는 내 눈물을 감춰 주지만
내리는 빗소리에 놀라 깨어난
그리운 내 사랑을 어이 하려나

두 줄기 눈물 속에 흐르는 비는
텅 빈 내 마음을 채워 주지만
그리운 이 맘 속에 내리는 비는
외로운 이 가슴을 적시고 있네

비야 내려라
내 마음이 씻어 질 때까지
비야 내려라
이 가슴이 채워 질 때까지

아아 흐르는 저 구름은
내 님의 마음인가

아아 내리는 빗소리에
흩어진 나의 마음

# 사랑의 마법사

외로운 내 가슴에
살며시 다가와서
사랑을 새겨 놓고서

말 없이 꺼지는
힘 없는 촛불처럼
사라진 얄미운 당신

언제나 보고 싶고
돌아서도 또 보고 싶은
정든 나의 사랑이여

사랑 사랑 내 마음 태워 놓고
어디로 떠나려나요
외로운 가슴에 행복을 새겨 준
당신은 영원한 사랑의 마법사

## 사랑의 갈림 길

눈물을 감추려고
말없이 돌아 섰지만
어떻게 잊을 수 있나
내 사랑 아직도 그대로인데

사랑 했지만
떠나가는 당신을
잡을 수가 없어 잡을 수 없어
붙잡을 수 없기에

뒤 돌아 섰지만
뒤 돌아 섰지만
뗄 수 없는 발걸음
조금씩 멀어지는
뒷모습만 돌아보고 돌아보네
내 사랑의 갈림 길에서

## 사랑에 빠졌나봐

그대 손을 잡고
둘이 걷던 이 골목길을
쓸쓸한 바람 속에
나 홀로 걷고있네

행여 뒤에 있을까
돌아보는 내 발길에
희미한 가로등
불빛만 따라오네

내 사랑 이내 마음을
그대는 알고 있나
그대는 몰라 그대는 몰라
허전한 이 마음을

사랑에 빠졌나봐
그대에게 빠졌나봐

그대는 없지만 나 혼자 가지만

내 맘 속엔 그대 뿐

## 사랑한게 죄라서

흐린 불빛 아래 반짝이는 눈물
사랑은 아픈 거라며
방울 되어 도는 불빛 속에 홀로
시린 가슴 쓸어 내리며

아~ 뜨거운 가슴 속에
미련을 지워 버리려
흐르는 눈물을
불빛 속에 감추네

사랑한게 사랑한게 사랑한게 죄라서
오늘도 홀로 우는 여인

홀로 지새는 밤 외로운 가슴에
미련은 남는 거라고
옛 추억에 젖어 떠난 당신 이지만
별빛 따라 그려본 사랑아

아~ 아직도 이 가슴에

남아 있는 사랑을 그대는 모르겠지

지울 수가 없는데

사랑한게 사랑한게

사랑한게 죄라서 오늘도 눈물 짓는 여인

# 사랑 인가봐

그래 그래 널 보면 그래
내 마음이 널 보면 그래
두근두근 두근 대는게
아하 이게 사랑인가봐

정말로 웃겨웃겨 미치겠네
내가 내가 미쳐미쳐 죽겠네
내가 널 사랑 할 줄은 꿈에도 몰랐어

넌 너는 내 마음도 모를 텐데
이젠 이젠 어쩌나
너 만보면 두근두근 미쳐 내가 미쳐
이게 사랑인가 봐

너도 이젠 내 맘을 아니
날 보는 네 눈빛이 변했어
이런 미인을 어디서 보니

너도 이젠 눈이 꽤 높아 졌어

난 네가 나를 나를 사랑할줄
이미이미 나는 알고 있었어
네가 날 보는 그 눈빛
난 벌써 알았어

나 같이 예쁜 여자 또 없을 걸
정말 정말 없을 걸
나만 보면 너도 미쳐 미칠거야
그게 사랑 인거야

# 사랑 이였네

뚜뚜루 루루루루루
뚜뚜루 루루루루루
뚜뚜루 루루루 뚜뚜루 루루루루
그대는 내 사랑

난 정말 몰랐는데
난 정말 몰랐는데
그대가 사랑 인줄은

텅 빈 내 마음을
텅 빈 이 가슴을
말없이 채워 준 당신

사랑이 사랑이 이런 줄은
난 정말 몰랐었는데
당신이 떠난 뒤에 떠나 간 뒤에
그때야 알았답니다

사랑 했지만 이 내 마음은
되돌아 갈 순 없는데
뚜두루 뚜루루루 안녕 이라고
뚜뚜루 루루루루 하진 않아요
당신은 당신은 이 가슴 속에
영원한 사랑이니까

## 얄미운 사람

그대는 내 맘을 울리는 사람
떨리는 가슴 이렇게 흔들흔들
흔들어 놓은 사람

이제는 나 이젠 어떻하라구
내 마음 그대가 모두모두
가져 가 버리신 걸

그대는 그대는
정말 내 마음을 모르나
그대를 사랑하는
이 내 마음을

내 맘도 모르시는
내 맘도 모르시는
얄미운 사람아

# 4부

# 들꽃 사랑

## 빈 자리

쓸쓸한 불빛 허전한 마음
홀로 걷는 그림자
스쳐가는 저 세월을
돌릴 수만 있다면

두 번 다시 두 번 다시
그댈 보내지 않으리
저 세월 속에 저 세월 속에
묻혀진 내 사랑아

아 아아아 그댄 떠나고
텅 빈 이 가슴을
어떻게 채우나 어떻게 채우나
그대 떠난 빈자리

아아 저 세월을 아아 그대 마음
돌릴 수가 없는데

# 사랑아

달빛에 물들어 버린
저 하늘에
그대 모습 떠 오르네

물빛에 어린 얼굴
바람에 일렁이다
살며시 흩어져 버린
내 사랑아

그대는 왜 이맘 모르시나
이 가슴에 시리게 피운 사랑
어이해 어이해 모르시나요
애태우는 이 내 마음을

아 사랑아 약속한 내 사랑아
구름타고 오려마
아아 쓸쓸한 저 달빛만

쓸쓸한 저 달 빛만
내 마음을 달래 주네

# 빠질거에요

당신이 보고 싶어
남몰래 훌쩍훌쩍
이런 맘 처음이에요

당신과 마주치면
어쩔 줄 몰라 몰라
내 마음 나도 몰라요

당신 생각에 나도 몰래
빨개지는 내 얼굴

가슴이 터질 듯이
두근두근 어떻하나
내 마음 정말 몰라요

이런 내 마음 당신은 몰라
정말 모르겠지만

언젠가 당신도 나에게
나에게 빠져 버릴 거에요

당신도
내가 내가 그랬던 것처럼
빠져 버릴거에요

# 봐요 봐요

날 처다 봐요 봐요
날 처다 봐요 봐요
나 좀 한번
처다 보세요

뒤 돌아 봐요 봐요
뒤 돌아 봐요 봐요
제발 한번 돌아 보세요

내 맘에 쏙 드는 당신을
당신을 처음 본 순간
두근대는 이 마음을
어떻게 해야 하나요

이런 내 맘 모르시는 당신은
저만치 앞서 가는데
천천히 가요가요 천천히 가요가요

제발 한번 멈춰주세요

다음에 다음에 또 당신을
만날 수가 있을까
아니야 사랑에 다음은
다음은 없는 거라고

내 마음은 내 마음은 뛰고 있는데
멀어지는 당신을 어떻게 해요
어떻게 해요
애만 타는 내 가슴

# 바라만 보네

스쳐간 시간 속에
만난 그 사람
우연 같은 운명으로
운명 같은 인연으로

한 조각 바람처럼
흘러가는 세월 속에
사랑 한다 그 한마디
말도 못하고

바라만 보네 바라만 보네
말없이 바라만 보네
운명이란 굴레 속에
던져 버린 내 사랑

다정스런 그 눈빛에
이 마음 두근거리면

살며시 살며시 그대에게
전해주고 싶은 사랑

# 무 영 탑

아 아름다운 사랑이어라
슬픈 사랑이어라
홀로 서있는 네 가슴 속에
가슴 아픈  사랑이어라

물빛만 바라보다 어린눈물
그 눈물에 젖은 사랑아
나만을 기다리고 나만을 기다리던
그리운 내 사랑인데

아아 내 님은 어딜가고
너만 혼자 서 있느냐
네 그림자는 또 어딜 갔나
홀로 우는 무영탑아
내님 가시는 그 길 안타까워
내 사랑을 따라 갔더냐

## 모양성아

선운사 동백 꽃잎
눈물처럼 떨어지면
공북루 구슬픈 소리
이 마음을 적시는데

만세루 애기 단풍 손을 흔들며
수줍어 얼굴 붉히면
그리워라 그리워라
내 고향집 그리워라

무거운 돌 얹은 머리
한발 한발 정성으로
무병장수 빌어 주는 님

모양성아 모양성아
그 발길에 담긴 사랑을
청 보릿길 내 고향에 나 가거든
내님 사랑 전해 주려마

# 묘한거지

묘한거지 묘한거야
사랑이란  묘한거야

당신은 당신은
설레는 내 마음
똑똑 두드려 놓고

수줍은 귓가에
사랑한단 한마디
슬쩍 걸러 놓고서

달콤한 사랑에
떨리는 가슴에
눈물만 뿌려놓고

갈 때는 말없이갈 때는 말없이
살며시 떠나간 사람

아 사랑이란 사랑이란
사랑이란 묘한거지
어느새 어느새 이내 마음 흔들어 놓고

워워워 사랑이란 묘한거지
사랑이란 묘한거지
살며시 왔다가 말없이 간 사람

## 몰라요

그댄 정말 몰라요
그댄 정말 몰라요
내 마음도 몰라요

왜 그렇게도 몰라요
왜 그렇게도 몰라요
그대를 사랑 하는데 내

마음엔 그대뿐인데
그대 하나뿐인데
날 사랑 한다 해봐요
날 사랑한다 해봐요
한번만 말해보세요

그대의 사랑을 사랑을
나 혼자 갖고 싶어요
이대로 영원히 그대 가슴에

내 사랑을 묻고 싶은데

그댄 정말 몰라요
그댄 정말 몰라요
내 마음도 몰라요

# 매듭 같은 사랑

두 가닥 실오라기 같은
너와나
하나 둘씩 사랑으로 엮어 가면서
그 단둘이서
그대와 단둘이서
천 가닥 매듭 되어
살아온 당신

아~ 때로는 얽히고
때로는 설켜도
곱게 만든 매듭 같은 우
리의 사랑은

아아아아 천년이 가고
만년이 흘러가도
멈추지 않는 저
강물 같은 사랑이지요

## 떠나갈 줄 모르고

그렇게 떠나가실 거라면
그렇게 떠나가실 거라면
그냥 스쳐 지나가면 되지
모른 척 외면하면 되지
내 마음은 왜 잡았나

차라리 돌릴 수만 있다면
차라리 돌릴 수만 있다면
그저 그저 뿌리치면 될 걸
뒤 돌아 서버리면 될 걸
이 가슴은 왜 두근거렸나

이렇게 이렇게 가슴 아플 줄이야
아플 줄은 몰랐었는데
당신을 사랑 했나 사랑했나 봐
나를 두고 떠나갈 줄 모르고

# 딱 걸렸어

딱 걸렸어 딱 걸렸어
딱 걸려 버렸어
내 눈에 내 맘에 당신이
딱 걸려 버렸어

한눈에 반해버린 당신을
처음 본 순간부터 느꼈어
당신이 당신이 내 맘에
쏙 들어 버렸어

사랑에 빠져 버린 내 마음
정신을 차릴 수가 없었어
당신을 본 순간 발길이
딱 멈춰 버렸어

사랑은 사랑은 이렇게
어느날 갑자기 이렇게

운명의 장난처럼 다가와
내 앞에 나타난 사람

나에게 딱 걸렸어 딱 걸렸어
딱 걸려 버렸어
내 눈에 내 맘에 당신이
딱 걸려 버렸어

## 들꽃 사랑

그대가 내 맘 모른 척해도
내 사랑을 모른척 해도
저기 외로운 저 들꽃처럼
당신의 사랑 기다릴래요

그대 가슴에 이 내 사랑을
들꽃 같은 이 내 사랑을
그댄 몰라도 그댄 몰라도
꼭 전해 드리고 싶어 외로운

이 밤 그대 생각에
타는 이 가슴 어떻하나요
내 사랑 그대 저 들꽃처럼
손을 흔들며 내게 오세요

살랑 거리는 봄바람처럼
그대 품에 안기고 싶어

그대 오시는 길목 길목에

나 들꽃 되어 기다릴께요

## 두드려 봐

알듯말듯 아리송한
당신의 그 마음을
여자는 여자는
모른답니다

망설이다 망설이다
그냥 가시면
이 마음은 이 마음은
어이 하라고

두드려 봐 두드려 봐
내 마음을 두드려 봐
날 사랑 한다면

당신의 사랑으로
외로운 내 마음을
두드려 봐 두드려 봐

두드려 보세요

나도 몰래 설레이는
내 마음을 두드려 보세요

# 5부

# 꽃눈

# 두 눈에

그대 날 보고 싶을 땐
두 눈을 감아 보세요
어둠 속에서 사랑을 담고
나 거기 있을께요

그대 두 눈에 내 사랑
내 사랑 보이신다면
그 고운 두 눈에 그 까만 두 눈에
꼭 그려 두세요

눈을 감아도 눈을 떠봐도
언제나 보일 수 있게
가슴 속에도 영원히
영원히 지울 수 없게

내 사랑 이맘을 내 사랑 이맘을
꼭 그려 두세요

# 돌릴 수 없는 인생

서로 만나 사랑하며 살면 되는 거지
부질없는 미련 속에 살면 무엇하나
돌아본 지난 세월 미련도 많았지만
이제 와 생각하면 아무것도 아닌 것을

땀 흘리고 노력하며 살면 되는 거지
부귀영화 권세 명예 소용없는 거야
누구나 한세상 살다가 가는 거야
돈 주고 살 수 없는 우리네 인생인 것을

한번뿐인 세상인데 두 번 살순 없는 건데
뒤 돌아 보고 후회한들 소용있나
웃으며 웃으면서 오늘도 사는 거야
돌릴수 없는 인생이기에

## 당 신 뿐

나 지금 가는 이 길은
굽이굽이 넘는 인생길
한 구비 두 구비 넘던 그 고갯길
내 곁을 지켜 준 당신

아아아 사랑 하나로
두 손 꼭 잡고 가는 길
가다가 지치고 힘들 지라도
당신 하나 있으면 되지

가진 것 없어 빈 손 이라도
당신만 있으면 되지
비바람 불고 눈보라 쳐도
당신만 있으면 되지

내 사랑 당신은
변함없이 언제나
곁에 있어 줄 테니까

## 다 그런거야

다 그런거야 다 그런거야
사는게 다 그런거야
다 그런거야 그런거야
다 다 그런거야

미련 때문에 사랑 때문에
자꾸 돌아보지만
이제 이제는 묻어 둬 버려
다 지난 일이야

사는게 그래 돌아보면 그래
가슴 아픈 거라고
사랑이란 그래 이별이란 그래
이젠 추억 이라고

미련 때문에 사랑 때문에
돌아보면 아픈거야

다 그런거야 다 그런거야
사는게 다 그런거야
다 그런거야 그런거야
다 다 그런거야

# 너에게 하고픈 말

귀 좀 빌려 줄래
나 너에게
하고픈 말이 있는데
두근대는 내 마음에
가까이 다가와 줄래

날 좀 바라 볼래
나 너에게
들려줄 말이 있는데
미소 짓는 내 모습에
환하게 웃어나 줄래

너 에게 너 에게 이 한마디
들려주고 싶은데
사랑 한다고 사랑 한다고
말해 주고 싶은데

가까이 다가선 네 모습에
한마디 말도 못하고
사랑이란 이런 걸까
말없이 뒤 돌아 섰네

귀 좀 빌려 줄래
나 너에게 널 사랑 한다고
가까이 내게 다가 와줄래
말해 주고 싶은데

# 꽃눈

하얀 꽃 노란 꽃 꽃눈이
꽃눈이 내리네요
온 세상도 내 마음도
꽃눈 속에 숨었네요

한없이 날리는 꽃눈이
부끄러운 내 마음을
감춰주고 싶은가봐
이 가슴에 쌓이네요

아아아아 하얀 꽃잎에
내 마음 실어 보내고
저기저기 노란 꽃잎엔
내 사랑을 실어 보내면

내 사랑 그대에게 그대에게
이 마음을 전 해 주려나

연 분홍 꽃이 피네 내 두 볼 에

수줍은 연 분홍 꽃이

## 꿈 찾아

흐르는 저 강물처럼
쉴새 없이 달려서 간다
귓가에 속삭이는 물소리에
이 마음 적시며 간다

어기야 엿차 뱃노래 위에
그리움을 실어 두고서
내 사랑 너만을 위해서 간다
오늘도 달려 나간다

인생살이 세상살이
모두 부질없다 하지만
그래도 나에겐 내꿈이 있단다
푸른 꿈이 있단다

아아아 서산 노을 붉게
물들어 가도

달빛 따라 이밤도 홀로
내 꿈을 찾아서 간다

# 꿈처럼

꿈처럼 내게 오신 사랑이구나
꿈처럼 내게 오신 사랑이구나
아아 당신은 꿈 같은 내 사랑
사랑 사랑이구나

사랑을 찾아왔나
왜 이리 몰래몰래 나도 몰래 오셨나
외로운 내 마음 당신은
당신은 어떻게 알고 오셨나

어느날 갑자기 찾아 왔지만
살며시 찾아 왔지만
당신을 당신을 영원히 영원히
사랑 할 수 있다면

꿈처럼 내게오신
꿈처럼 내게오신

사랑 사랑이지만

이제는 이제는

당신은 내사랑

꿈 같은 내사랑

## 내 고향 목포야

지난날 저 파도에
실어 보낸 어린시절
그리워 다시 찾은
내 고향 목포야

갈매기 떼 변함없이
반겨 주건만
내 추억 내 사랑을
너는 아느냐

수평선 저 멀리
띄워 보낸 내 청춘도
노적봉 저 구름에
실어 보낸 내 사랑도

그 시절 숨겨 놓은 추억에 젖어
다시한번 그려 본다 내 사랑 목포야

유달산아 삼학도야
아직도 너는 나를 기억하느냐
꿈속에도 다시 찾을 내 고향 목포야
오늘도 너를 안고 한없이 걸어 본다

## 내 사 랑

잠 못 이루고 설레는
작은 내 가슴에
기대여 잠든 그대 모습
가만히 바라 보면

그대 두 볼에 살며시
입 맞춰 주고 싶은 내 사랑아
꿈속에도 다시 찾을
그대 내 사랑이여

눈부신 아침 햇살
너에게 비춰 들때면
내 사랑은
다시 피어나고

살며시 고개 든
나팔 꽃잎에 이슬처럼

그 눈빛에 맺힌 사랑아

나의 사랑아

## 내가 먼저

그대 맘을 그대 맘을 알 수가 없어
그대를 사랑 하지만
그 마음을 살짝 그 마음을 살짝
엿 볼수만 있다면

그대 맘 아플 때는 내가 먼저
내가 먼저 위로해 주고
그대가 행복 할 땐 행복 할 땐
내가 먼저 웃어 줄텐데

사랑은 심술쟁이 변덕쟁이
도대체 알 수가 없어
그대 맘을 내게 내게 살짝
알려 주세요

내가 먼저 내가 먼저 그대 맘을
알고 싶어요

우리 사랑 영원토록

함께해야 하니까

# 가시나요

어딜 가시나요
나를 두고 어딜 가시나요
정말 가시나요
나를 두고 정말 가시나요

그렇게 사랑 했는데
이렇게 가신다니요
사랑이 이 가슴에
아직도 남았는데
어딜 가신 다구요

수없이 많은 밤을 지새우며
속삭였던 우리 사랑을
당신은 잊었나요 당신은 잊었나요
그렇게 사랑했는데

정말 가실 거면 가실 거라면

이대로 그냥 가세요
당신 가슴 속에 내 사랑 만
살며시 두고 가세요

## 그대의 향기

그대가 떠나고 텅빈 자리엔
향기만 남아
허전한 이내 마음 속을
맴 돌고 있네

시계가 돌아간 자리에 남은
그대 모습이
한 방울 눈물로 흐려져 가네

떠나고 없는 사람아
미련도 가져나 가지
사랑만 두고 가면
사랑만 두고 가면
나 홀로 어이 하라고

이제는 이제는 멀리 가버린
나의 사랑아

어디서 그 누굴 사랑하고 있는지

꿈에도 꿈에도
잊을 수 없는 나의 사랑아
이루지 못한 나의 사랑아

## 난 여자라서

지금은 어느 곳에 사랑을 찾아
내 곁을 떠나갔지만
미움도 그리움도 추억이 되어
잊을 수 없는 그 사람

사랑은 외로운 물거품 되어
온 마음을 가득 채우고
두 줄기 눈물 속에 흐르는 정을
지울 수가 없네요

난 여자라서 외로움을 배워요
난 여자라서 그리움도 배워요
떠나간 당신 못 잊을 당신
난 여자라서 기다릴래요

■ 라이너 노트

# 사랑은 오선 위 돛단배

오인택(시인 · 공학박사)

[민병곤 시집 앨범자켓, OST QR 코드]

이 앨범의 모든 노래는 하나의 이미지에서 출발한다.

사랑은 오선 위에 떠 있는 작은 돛단배와 같다는 생각이다. 목적지를 알지 못한 채, 노를 쥔 사람도 없이, 다만 바람과 물결에 몸을 맡긴 채 흘러가는 배. 붙잡을 수도, 되돌릴 수도 없지만, 분명히 노래 위를 지나가며 흔적을 남기는 것. 그것이 이 앨범이 말하는 사랑의 모습이다.

사랑은 언제나 말보다 먼저 오고, 말보다 먼저 떠난다. 그래서 남겨진 사람은 늘 한 박자 늦게 노래를 시작한다. 지우려 해도 지워지지 않는 얼굴 앞에서 우리는 이미 끝난 사랑이 아니라, 끝내 끝낼 수 없는 기억을 마주한다. 이 앨범의 노래들은 잊겠다는 다짐에서 출발하지 않는다. 잊히지 않는 마음을 그대로 인정하는 데서 시작하고, 그 인정이 곧 노래가 된다.

돛단배는 한 번도 같은 물길을 지나지 않는다. 사랑 역시 그렇다. 어느 날은 봄바람처럼 가볍게 다가와 마음을 흔들고, 어느 날은 이유 없이 다시 설레게 한다. 사랑이 왔다는 사실보다 더 놀라운 것은, 우리가 여전히 그 설렘을 알아본다는 점이다. 이 앨범은 사랑의 시작을 크게 말하지 않는다. 다만 작은 흔들림 하나가 삶의 방향을 바꾸는 순간을 조용히 기록한다.

그 흔들림은 곧 태도가 된다. 들꽃처럼 불리지 않아도 피어 있는 사랑, 알아주지 않아도 그 자리에 남아 있는 마음. 이 앨범은 그런 사랑을 아름답다고만 말하지 않는다. 기다림이 때로는 외롭고, 침묵이 때로는 잔인하다는 사실을 함께 품는다. 그럼에도 어떤 사람들은 그렇게밖에 사랑할 수 없었음을, 그리고 그 사랑이 결코 가볍지 않았음을 노래한다.

돛단배가 떠 있기 위해서는 물이 필요하듯, 사랑이 가능하기 위해서는 먼저 건너온 시간이 있다. 말없이 손을 내밀던 존재들, 돌아봐도 늘 그 자리에 있던 사람들. 어머니의 모습처럼 남아 있는 사랑은 설명되지 않고, 요구되지 않는다. 이 노래들은 그 사랑을 추억 속에 가두지 않는다. 지금도 여전히 우리를 살아가게 하는 힘으로 남겨 둔다.

그러나 모든 사랑은 결국 안쪽에서 울게 된다. 꺼내지 못한 말들, 드러내지 못한 마음들. 숨어 우는 사랑은 가장 조용하지만 가장 오래 남는다. 이 앨범의 중반에서 돛단배는 잠시 물결 속으로 잠긴다. 감정은 밖으로 나오지 못하고, 마음은 스스로를 감싸 안은 채 시간을 견딘다.

그렇게 눌러 두었던 감정은 마침내 목소리를 얻는다. "야속하다"는 말 속에는 미움보다 더 많은 사랑이 들어 있다. 보내야 한다는 것을 알면서도 보내지 못하는 마음, 원망하지 않으면 견딜 수 없는 밤. 이 노래에서 돛단배는 처음으로 큰 물살을 만난다. 그리고 그 물살은 개인의 이야기를 오래된 노래와 연결한다. 아리랑 고개를 넘는다는 것은 한 사람을 떠나보내는 일이면서 동시에, 수없이 반복되어 온 이별의 역사 속으로 자신을 내려놓는 일이다.

다시 배는 조용해진다. "안녕"이라는 말이 아직 너무 무거운 순간, 끝났음을 알면서도 끝내 말하지 못하는 마음. 별이 되어 반짝이겠다는 상상은 희망이라기보다, 아직 놓지 못한 손길에 가깝다. 하지만 돛단배는 멈추지 않는다. 사랑이 아니라, 이제는 세월을 향해 흘러간다. 너무 빠르다고, 조금만 기다려 달라고 말해 보지만, 시간은 늘 자기 속도로 간다.

마지막에 남는 것은 도착이 아니라 흔적이다. 꽃눈처럼 내려앉아 모든 소리를 덮는 마음. 닿았는지 닿지 않았는지는 중요하지 않다. 중요한 것은 한때 분명히 사랑했고, 그 사랑이 노래가 되었다는 사실이다.

그래서 이 앨범은 돛단배를 선택했다.

거대한 배도, 빠른 배도 아니다. 항로가 정해진 여객선도, 목적지를 약속하는 배도 아니다. 돛단배는 작고, 가볍고, 방향을 스스로 결정하지 못한다. 바람이 불어야 움직이고, 물결이 있어야 나아간다. 사랑 역시 그렇다. 누군가의 의지로 시작되는 듯 보이지만, 실은 언제나 우연과 타이밍, 감정의 흐름에 의해 움직인다. 붙잡고 싶다고 해서 머무르지 않고, 떠나지 말라고 해서 멈추지 않는다.

돛단배는 작기 때문에 더 흔들리지만, 그 작음 때문에 아주 작은 바람에도 반응한다. 한 번의 눈길, 한마디 말, 말하지 못한 침묵 같은 사소한 순간들이 사랑의 방향을 바꾸고 삶의 물길을 달라지게 한다. 또한 돛단배에는 많은 것을 실을 수 없다. 불필요한 것은 자연스럽게 내려놓게 되고, 남은 감정만 최소한으로 싣게 된다. 이 앨범의 노래들이 많은 말을 하지 않는 이유도 여기에 있다.

무엇보다 돛단배에는 확실한 도착지가 없다. 어디로 가는지 알 수 없고, 어디에 닿을지도 모른다. 그러나 돛단배는 그럼에도 떠난다. 떠나야 하기 때문에 떠난다. 이 앨범의 노래들이 묻는 것은 "어디에 닿았는가"가 아니라 "분명히 떠났는가"이다. 사랑이 성공했는지 실패했는지는 중요하지 않다. 한때 분명히 사랑이었는지가 중요하다.

그리고 이 돛단배는 오선 위에 떠 있다. 파도 대신 음표 사이를 지나가고, 물결 대신 리듬 위를 흔들린다. 삶 속에서는 사라진 감정이 노래 속에서는 형태를 얻는다. 말로는 붙잡을 수 없었던 마음이 멜로디 위에서는 잠시 머문다. 돛단배는 도착하지 않았지만, 노래는 남았다. 사랑은 끝났지만, 음악은 계속된다.

그래서 이 앨범은 말한다.
사랑은 완성되지 않아도 괜찮다고.
도착하지 않아도 노래가 될 수 있다고.
오선 위를 떠다니는 작은 돛단배 하나만으로도,
한 사람의 삶은 충분히 흔들릴 수 있다고.

## Track List

1. **지울 수 없는 사람**
   작사: 민병곤 · 작곡: 오인택 · 노래: 하연

2. **사랑이 왔네**
   작사: 민병곤 · 작곡: 오인택 · 노래: 윤슬

3. **들꽃 사랑**
   작사: 민병곤 · 작곡: 오인택 · 노래: 도언

4. **울 어머니 모습처럼**
   작사: 민병곤 · 작곡: 오인택 · 노래: 정우산

5. **숨어 우는 내 사랑**
   작사: 민병곤 · 작곡: 오인택 · 노래: 서린

6. **야속한 사람아**
   작사: 민병곤 · 작곡: 오인택 · 노래: 미연

7. **아리랑 고개**
   작사: 민병곤 · 작곡: 오인택 · 노래: 백호

8. **안녕이라 하지 마**
   작사: 민병곤 · 작곡: 오인택 · 노래: 채온

9. **세월아**
   작사: 민병곤 · 작곡: 오인택 · 노래: 강현

10. **꽃눈**
    작사: 민병곤 · 작곡: 오인택 · 노래: 설화

11. **사랑은 오선 위 돛단배**
    작사: 민병곤 · 작곡: 오인택 · 노래: 여울

## 앨범 크레딧 (Credits)

| 구분 | 내용 |
|---|---|
| 앨범명 | 사랑은 오선 위 돛단배 |
| 아티스트 | 하연 · 윤슬 · 도언 · 정우산 · 서린 · 미연 · 백호 · 채온 · 강현 · 설화 · 여울 |
| 형태 | 프로젝트 앨범 (시 기반 보컬 앙상블 프로젝트) |
| 수록곡 수 | 11 Tracks |
| 가사(작사) | 민병곤 시집 『사랑은 오선 위 돛단배』 수록 시 원문 사용 |
| 작곡 | 오인택 |
| 보컬 퍼포먼스 | 하연 · 윤슬 · 도언 · 정우산 · 서린 · 미연 · 백호 · 채온 · 강현 · 설화 · 여울 |
| 보컬 형태 | AI 기반 사이버 보컬 |
| 음악 제작 방식 | Generative AI 기반 음악 생성 (창작 보조) |
| 주요 사운드 | Male & Female Vocal Ensemble (중저음 중심) · Piano-Led Arrangement (핵심 악기) · Warm Strings (Violin · Viola · Cello) · Subtle Acoustic Guitar · Minimal Rhythm & Brush Texture · Soft Ambient Pad · Breathing Space & Long Reverb · Instrumental Intro / Interlude / Outro |

| 비고 | 본 앨범은 민병곤 시인의 시집 『사랑은 오선 위 돛단배』에 수록된 시 작품을 원문 그대로 사용하여, 시의 언어를 훼손하지 않고 음악적 호흡으로 확장한 노래 시집 음반이다. 하나의 서사를 여러 화자의 목소리로 분해한 구조를 통해, 사랑의 기억·기다림·이별·세월을 단계적으로 기록하며, 감상·기록·문학 아카이브 목적의 프로젝트로 제작되었다. |
|---|---|

건강신문사 힐링노래시집

# 사랑은 오선五線 위 돛단배

초판 1쇄 | 2026년 1월 23일

저　자 | 민병곤
발행인 | 윤승천
발행처 | (주)건강신문사

등록번호 | 제25100-2010-000016호

주　소 | 서울특별시 은평구 통일로 712-1
전　화 | 02)305-6077(대표)
팩　스 | 02)305-1436

인터넷건강신문 | www.kksm.co.kr
헬스데일리 | www.healthdaily.co.kr
한국의 첨단의술 | www.khtm.co.kr

ISBN 978-89-6267-170-4 (03800)